INVENTAIRE
Vm. 8 511

AF591133

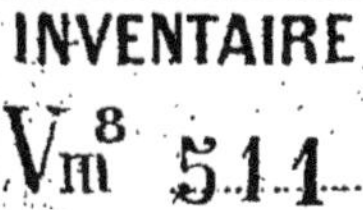

MANUEL MUSICAL

DES ÉCOLES PRIMAIRES
ET
DES PENSIONNATS
OU
SIMPLES PRINCIPES DE MUSIQUE
SUIVIS
D'EXERCICES GRADUÉS DE SOLFÉGE
& DE MORCEAUX DE CHANT A 1, 2 & 3 VOIX

PAR

F. LE MERCIER
DIRECTEUR DE L'ÉCOLE COMMUNALE DE S.-BRIEUC

« Celui qui a dans la bouche de belles
« paroles et de purs accords, ne peut
« guère conserver de viles pensées dans
« le cœur. A. RENDU. »

LANNION
[IMPRI]MERIE A. ANGER, LIBRAIRE-ÉDITEUR
PLACE DU CENTRE & RUE ST-MALO

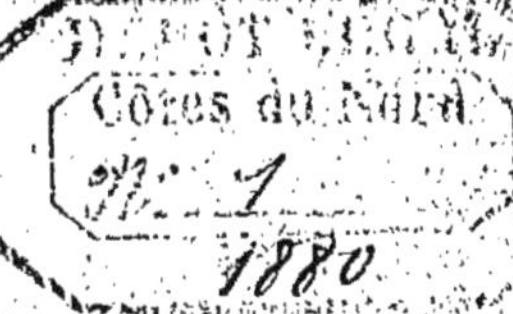

MANUEL MUSICAL

DES ÉCOLES PRIMAIRES
ET
DES PENSIONNATS
OU
SIMPLES PRINCIPES DE MUSIQUE
SUIVIS
D'EXERCICES GRADUÉS DE SOLFÉGE
& DE MORCEAUX DE CHANT A 1, 2 & 3 VOIX

PAR

F. LE MERCIER

DIRECTEUR DE L'ÉCOLE COMMUNALE DE S.-BRIEUC

« Celui qui a dans la bouche de belles
« paroles et de purs accords, ne peut
« guère conserver de viles pensées dans
« le cœur. A. RENDU. »

LANNION
IMPRIMERIE A. ANGER, LIBRAIRE-ÉDITEUR
PLACE DU CENTRE & RUE ST-MALO
— 1879 —

PRÉFACE

La musique, dont l'origine remonte à la plus haute antiquité, est un art des plus agréables. Sympathique à l'âme, elle l'impressionne vivement et en élève les plus belles facultés. C'est une des distractions les plus douces, les plus pures, les plus salutaires. Elle est d'ailleurs chose toute naturelle : c'est en chantant que la mère berce son jeune enfant sur ses genoux, le calme et l'endort; que les adolescents dansent en rond; que le laboureur guide sa charrue à travers les pénibles sillons; que l'ouvrier travaille dans son atelier... Voyez aussi le soldat à l'heure de la bataille, combien n'est-il pas enthousiasmé et poussé irrésistiblement vers l'ennemi lorsque résonne à ses oreilles la voix mâle et guerrière du clairon! Avec quel courage, quelle abnégation ne l'avons-nous pas vu toujours voler à la frontière au chant de nos magnifiques hymnes patriotiques, pour défendre la patrie en danger! Combien aussi les sons harmonieux qui retentissent sous les voûtes sacrées de nos temples nous impressionnent, nous émeuvent! Combien encore sont belles et pures ces délicieuses mélodies qu'exécute si admirablement la jeunesse des écoles d'Allemagne, d'Italie, de Suisse!... C'est dans de purs accords, dans de suaves mélodies que chacun peut trouver et la gaieté, le délassement, dans les moments de bonheur, et la consolation, l'encouragement, le calme, l'assurance, dans les moments de chagrin, de défaillance, de désespoir ou de doute.

Qu'il est donc important d'initier à cette belle science

les élèves de toutes nos écoles! qu'il est nécessaire qu'elle se répande dans toutes les classes de la société et jusqu'au fond de nos plus humbles campagnes, car elle peut devenir partout un agent très-puissant de discipline scolaire et de moralisation.

Aussi, par amour de l'art et dans le but d'être utile à la jeunesse des écoles, avons-nous composé et publié ce modeste ouvrage qui, en quelques pages, donne les notions les plus élémentaires de la musique, notions indispensables et suffisantes pour nos écoles primaires et nos classes élémentaires des pensionnats. Ces éléments forment la première partie de l'ouvrage. La deuxième partie comprend des exercices gradués de solfége, et la troisième des morceaux de chant à une, deux et trois voix, composés avec le plus de soin et de simplicité possible, et pour la plupart appropriés à la marche.

En contractant ainsi les salutaires habitudes du chant, les enfants les conserveront ensuite à tous les âges de la vie, et ces mélodies associées à des paroles morales et religieuses qu'ils auront apprises sur les bancs de l'école, ils les répéteront plus tard en commun dans les champs, les ateliers, les réunions publiques ou privées. Alors, plus de ces chansons vulgaires, de ces refrains ineptes et parfois obscènes que malheureusement répètent encore trop souvent nos jeunes gens, car, comme l'a dit un certain auteur : *Celui qui a dans la bouche de belles paroles et de purs accords, ne peut guère conserver de viles pensées dans le cœur.*

F. Le Mercier.

MANUEL MUSICAL
DES ÉCOLES PRIMAIRES
ET
DES PENSIONNATS

PREMIÈRE PARTIE.
Théorie.

CHAPITRE Ier.
Portée. — Clefs. — Notes.

1. La *musique* est une science qui a pour but d'émettre ou de combiner les sons d'une manière agréable à l'oreille.

2. On donne généralement le nom de *son* à tout bruit que l'oreille peut apprécier.

3. On appelle *portée* la réunion de 5 lignes horizontales sur lesquelles et dans l'intervalle desquelles on écrit la musique. — On donne le nom de *lignes supplémentaires* à de petites lignes que l'on écrit au-dessus et au-dessous de la portée quand cette dernière est insuffisante pour contenir toutes les notes d'un morceau.

FIGURE DE LA PORTÉE

Lignes supplémentaires.

5e ligne :
4e interligne.
4e ligne :
3e interligne.
3e ligne :
2e interligne.
2e ligne :
1re interligne.
1re ligne :

Lignes supplémentaires

4. On appelle *clef* un signe que l'on place au commencement de la portée et qui donne son nom à la note placée sur la même ligne.

5. On distingue généralement 2 sortes de clefs, savoir :

1° La clef de Sol : Sol. 2° La clef de Fa : Fa.

6. Remarque. — *Ce petit traité devant rester très-élémentaire, nous nous abstenons d'indiquer ici les différentes positions des clefs, ainsi que la clef d'*UT, *qui n'est guère usitée. Nous nous occuperons donc uniquement, dans ce petit ouvrage, de la clef de sol 2e ligne, cette clef étant la plus fréquemment employée. Toutefois nous avons cru utile d'indiquer ci-dessous la position des notes en clef de fa 4e ligne.*

7. On appelle *notes* les sept caractères différents qui servent à écrire la musique. Ces notes sont : *ut* ou *do, ré, mi, fa, sol, la, si.*

Voici la position des différentes notes sur la portée :

NOTES SUR LES LIGNES — NOTES DANS LES INTERLIGNES

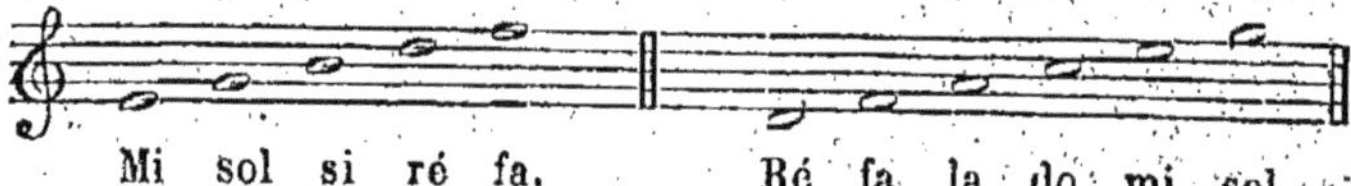

Mi sol si ré fa. — Ré fa la do mi sol.

NOTES AU-DESSUS ET AU-DESSOUS DE LA PORTÉE

Ré do si la sol.

Sol la si do ré.

RÉSUMÉ

Clef de sol.

Sol la si do ré mi fa sol la si do ré mi fa sol la si do ré.

Clef de fa.

Si do ré mi fa sol la si do ré mi fa sol la si do ré mi fa.

8. Remarque. — *Le do marqué de ce signe (*) en clef de sol est le même que le do marqué du même signe en clef de fa.*

CHAPITRE II.

Valeurs des notes. — Silences.

9. Les figures de notes sont divers caractères qui servent à indiquer la durée et la valeur de chaque note. Ces figures sont :

La ronde .... qui vaut 2 blanches;
La blanche...... — 2 noires;
La noire......... — 2 croches;
La croche....... — 2 doubles croches;
La double croche — 2 triples croches;
La triple croche. — 2 quadruples croches;
Enfin la quadruple croche

10. On appelle *silences* certains signes qui remplacent les notes quand les sons doivent être interrompus momentanément.

12. Les figures de silences sont divers signes qui servent à indiquer la durée et la valeur de chaque silence. Ces figures sont :

La pause............ qui vaut 2 demi-pauses;
La demi-pause..... — 2 soupirs;
Le soupir.......... — 2 demi-soupirs;
Le demi-soupir..... — 2 quarts de soupir;

Le quart de soupir. . 𝄿 qui vaut 2 huitièmes de soupir;
Le huitième de soupir 𝅀 — 2 seizièmes de soupir;
Enfin le seizième de soupir 𝅁

COMPARAISON DES NOTES ET DES SILENCES

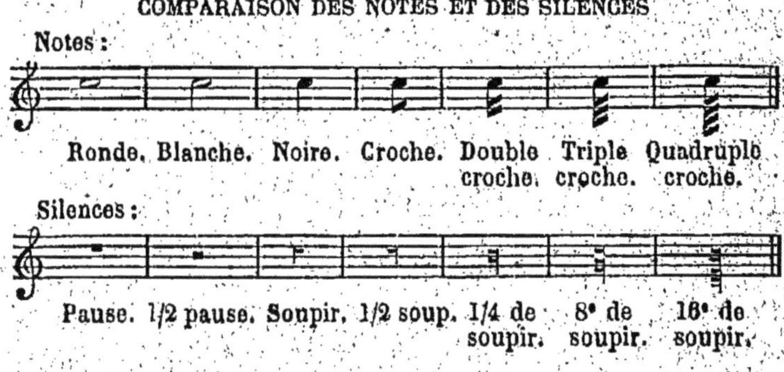

CHAPITRE III.

Gammes. — Tons et demi-tons.

13. On appelle *gamme* la suite des sept notes de la musique disposées suivant leur ordre naturel avec la répétition de la première, ce qui donne une série de 8 sons ou une octave.

14. Un *ton* est un degré d'élévation ou d'abaissement d'une note à sa voisine.

15. Un *demi-ton* est un demi-degré d'élévation ou d'abaissement d'une note à sa voisine.

16. On distingue généralement deux sortes de gammes, savoir : 1° la gamme *diatonique*, qui procède par tons consécutifs; 2° la gamme *chromatique*, qui procède par demi-tons consécutifs.

17. On peut former autant de gammes diatoniques qu'il y a de notes dans la musique.

18. La gamme diatonique est formée de 5 tons et de 2 demi-tons. Les demi-tons se trouvent situés entre

la 3e et la 4e note, la 7e et la 8e d'une gamme diatonique, c'est-à-dire entre le *mi* et le *fa*, le *si* et le *do*, dans la gamme naturelle.

GAMME DIATONIQUE OU NATURELLE

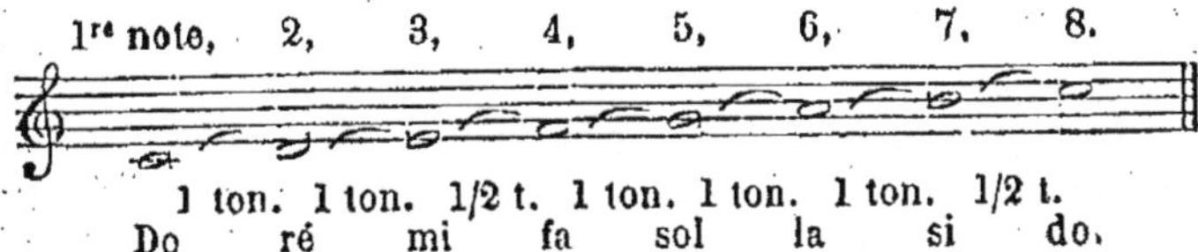

19. La 1re note d'une gamme s'appelle *tonique*, la 2e *sus-tonique*, la 3e *médiante*, la 4e *sous-dominante*, la 5e *dominante*, la 6e *sus-dominante*, la 7e *sensible* (ainsi nommée parce qu'elle fait sentir le besoin de la tonique), et la 8e *octave*.

20. Les demi-tons de la gamme chromatique se forment au moyen des signes suivants, sur lesquels nous reviendrons plus loin : 1° le *dièse* (♯), qui hausse d'un demi-ton la note devant laquelle il est placé; 2° le *bémol* (♭), qui baisse d'un demi-ton la note qu'il affecte; 3° le *bécarre* (♮) qui détruit l'effet du dièse et du bémol.

21. La gamme chromatique s'écrit ordinairement avec des dièses en montant et avec des bémols en descendants. Exemple :

GAMME CHROMATIQUE

CHAPITRE IV.

Intervalles.

22. On appelle *intervalles* la distance comprise entre deux notes occupant deux ou plusieurs positions sur la portée.

23. On distingue en général sept espèces d'intervalles qui prennent les noms de *seconde*, *tierce*, *quarte*, *quinte*, *sixte*, *septième* et *octave*, suivant que les deux notes occupent 2, 3, 4, 5, 6, 7 ou 8 positions diatoniques sur la portée. Exemple :

24. Les différents intervalles ne conservent pas toujours le même nombre de tons et demi-tons, attendu que la gamme diatonique comprend 5 tons et 2 demi-tons. Ainsi, par exemple, la tierce *do mi* contenant 2 tons est plus grande que la tierce *mi sol* qui ne contient qu'un ton et demi. La première est appelé *majeure* et la seconde *mineure*.

25. Outre les intervalles majeurs et mineurs, on distingue encore les intervalles *augmentés*, *diminués* et *justes*.

26. Les intervalles sont augmentés lorsqu'ils sont rendus plus grands par l'emploi des dièses, des bémols ou des bécarres; ils sont diminués par l'emploi de ces mêmes signes; enfin, ils sont justes quand ils ne sont ni augmentés ni diminués.

27. Remarque. — *Tous les intervalles naturels de la gamme majeure sont majeurs, à l'exception de la quarte et de la quinte, que l'on nomme justes. Or, en haussant d'un demi-ton les intervalles majeurs, ils deviennent*

augmentés; en les baissant d'un demi-ton, ils deviennent mineurs; enfin, en les baissant de deux demi-tons, ils deviennent diminués. Quant aux justes, ils sont augmentés en les haussant d'un demi-ton et diminués en les baissant d'un demi-ton.

EXEMPLES REPRODUISANT L'ALTÉRATION DES INTERVALLES

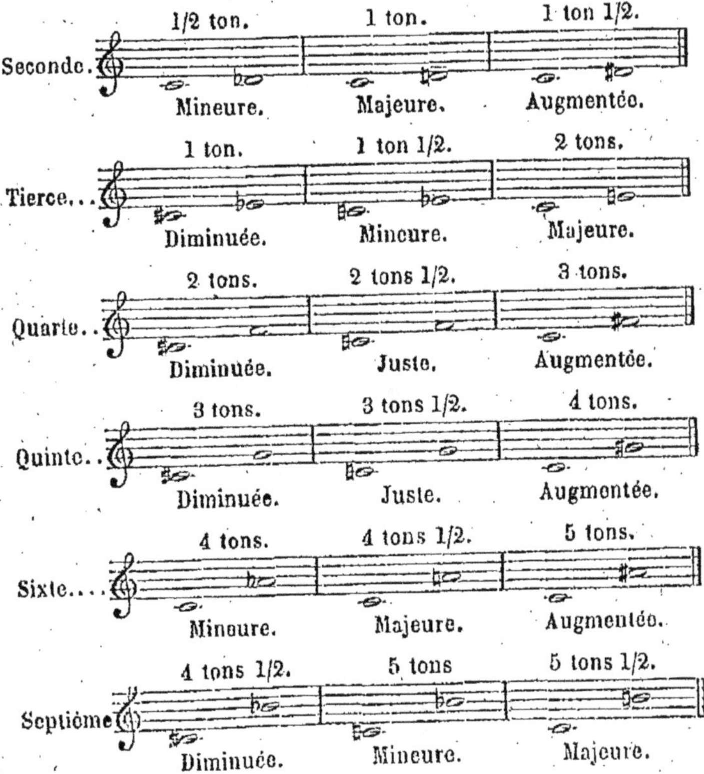

L'octave ne peut subir aucune altération. — Les intervalles altérés peuvent se renverser.

CHAPITRE V.

Mesures.

28. On appelle *mesure* la division d'un morceau de musique en parties égales. Les mesures sont séparées les unes des autres par de petites barres verticales. Elles se subdivisent en petites parties d'égale durée que l'on nomme *temps*, et doivent contenir chacune, soit en notes, soit en silences, une valeur égale à celle indiquée à la clef. Ainsi, si c'est une ronde qui doit former la mesure, on aura :

Ronde. Valeur de la ronde. Valeur de la ronde. Valeur de la ronde. Valeur de la ronde.

29. Remarques. — La dernière mesure d'un morceau doit toujours être terminée par une double barre verticale fortement prononcée. — Au lieu d'écrire les croches comme ceci , on peut les écrire ainsi , en liant les notes par un trait; de même les doubles croches peuvent se représenter ainsi , en liant les notes par un double trait. Deux croches peuvent encore se représenter par une noire barrée , quatre croches par une blanche barrée , quatre doubles croches par une noire à double barre , etc.

30. La ronde et la pause valent quatre temps chacune; la noire et le soupir chacun un temps; la croche et le demi-soupir, un demi-temps; la double croche et le quart de soupir, un quart de temps; la triple croche et le huitième de soupir, un huitième de temps; la quadruple croche et le seizième de soupir, un seizième de temps.

31. On distingue trois espèces de mesures : la mesure à **2** temps, la mesure à **3** temps et la mesure à **4** temps.

32. Battre la mesure, c'est faire des mouvements réguliers du pied ou de la main afin de donner aux notes et aux silences la durée exacte qu'ils doivent avoir.

MANIÈRE DE BATTRE LES MESURES

A deux temps.	A trois temps.	A quatre temps.
• 2	• 3	• 4
	• 2	• 2 • 3
• 1	• 1	• 1

33. On distingue des temps forts et des temps faibles. Les temps forts sont ceux sur lesquels on appuie un peu plus que sur d'autres. Dans les mesures à 2 et à 3 temps, les temps forts sont les premiers, et dans la mesure à 4 temps le premier et le troisième.

34. Les mesures se divisent en mesures *simples* et en mesures *composées*. Exemple :

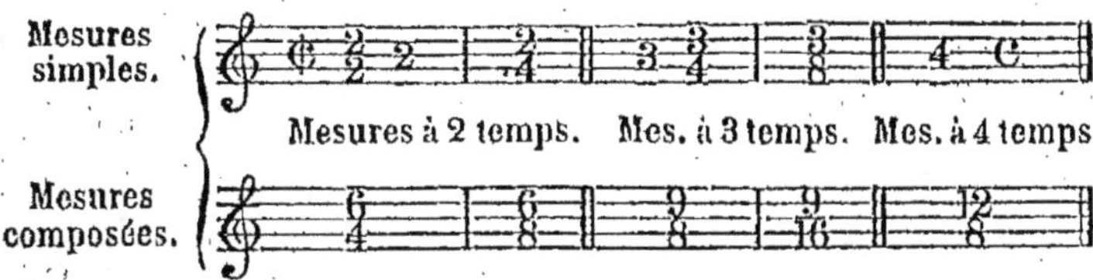

35. Comme on le voit, les mesures sont indiquées par un ou deux chiffres. Dans les mesures représentées par un chiffre, ce chiffre marque le nombre de divisions de la ronde ou le nombre de noires que doit contenir la mesure. Ainsi, par exemple, ₵ ou 2 signifie 2 noires ou l'équivalent dans la mesure. — Dans les mesures indiquées par deux chiffres, le second ou dénominateur indique en combien de parties la ronde est divisée, et le premier ou numérateur indique combien la mesure comprend de ces parties. Ainsi, par exemple, $\frac{2}{4}$ veut dire 2 fois le quart de la ronde, c'est-à-dire 2 noires ou l'équivalent dans la mesure; $\frac{3}{8}$ veut dire 3 fois le 8e de la ronde, c'est-à-dire 3 croches ou l'équivalent dans la mesure, etc.

36. Les mesures composées s'indiquent toujours par 2 chiffres. Le premier est le triple du premier de la mesure simple, et le second le double du second de la mesure simple.

37. On reconnaît qu'une mesure est à deux temps lorsque dans cette mesure les chiffres sont pairs. Il n'y a d'exception que pour $\frac{12}{8}$ et $\frac{4}{4}$ qui sont à 4 temps. Une mesure est à 3 temps quand le premier chiffre est impair.

38. Chaque temps d'une mesure composée vaut un de la mesure simple, plus la moitié de ce dernier. Ainsi, par exemple, si une mesure simple est formée d'une blanche, la mesure composée sera une blanche, plus une noire ou l'équivalent.

39. Les mesures les plus généralement usitées sont celles à $\frac{2}{4}$, à $\frac{6}{8}$, à 3 temps ou $\frac{3}{4}$, à $\frac{3}{8}$ et à C ou 4 temps.

CHAPITRE VI.

Point. — Mesures à compter. — Triolet.

40. Le point placé après des notes ou des silences augmente leur valeur de moitié. Ainsi une ronde pointée vaut 4 temps plus la moitié de 4 temps ou 2 temps, en tout 6 temps ou 3 blanches, une blanche pointée vaut 3 temps ou 3 noires, une noire pointée vaut 1 temps et demi ou 3 croches, une croche pointée vaut 3 quarts de temps ou 3 doubles croches, etc. — De même un soupir pointé vaut 1 temps et demi ou 3 demi-soupirs, un demi-soupir pointé vaut trois quarts de temps ou trois quarts de soupir, etc. — La pause et la demi-pause ne sont jamais pointées.

41. Lorsque des notes ou des silences sont suivis d'un double point, le second vaut la moitié du premier. Ainsi une ronde suivie de 2 points vaut 3 blanches plus une demi-blanche ou une noire. Il [illegible]

de même de toutes les autres notes affectées d'un double point. S'il y avait un 3e point, ce dernier vaudrait la moitié du second.

42. Lorsqu'on n'a qu'une partie de mesure ou une mesure seule à compter, on l'indique par des silences; mais lorsque l'on a plusieurs mesures à compter, on les réunit par des bâtons de deux et de quatre pauses, et l'on écrit au-dessus le chiffre des mesures à compter. Exemple :

1 mesure. 1 mesure. 2 mesures. 4 mesures. 17 mesures.

43. Remarque. — *La pause s'emploie pour indiquer le silence d'une mesure entière quelconque, bien que la mesure puisse valoir plus ou moins de 4 temps. Mais si l'on avait à indiquer le silence d'une demi-mesure dans la mesure à $\frac{2}{4}$ par exemple, on écrirait un soupir et non une demi-pause. De même pour les autres silences.*

44. Lorsqu'on a un trop grand nombre de mesures à compter, on se borne à tracer sur la portée et entre les deux barres de mesure un trait oblique au-dessus duquel on écrit le nombre de mesures à compter.

45. On appelle *triolet* l'assemblage de 3 notes qui s'exécutent pendant la valeur de deux. Les notes formant triolet sont généralement surmontées d'un 3. Exemples :

CHAPITRE VII.

Signes accidentels.

46. On appelle *signes accidentels* certains caractères qui, placés devant les notes, les haussent ou les baissent d'un demi-ton. Ces signes, comme on l'a déjà vu au n° 20, sont au nombre de trois, savoir : 1° le *dièse* (♯) qui hausse d'un demi-ton la note devant laquelle il est placé; 2° le *bémol* (♭) qui baisse d'un demi-ton la note qu'il affecte; 3° le *bécarre* (♮) qui détruit l'effet du dièse ou du bémol, c'est-à-dire qu'il rétablit la note diésée ou bémolisée dans son ton naturel. Exemples :

47. Les dièses et les bémols s'appellent *constitutifs* quand ils font partie intégrante d'un morceau pour en constituer le ton. Ils se placent alors au commencement du morceau immédiatement après la clef, et prennent le non d'*armure de la clef*. Les dièses et les bémols constitutifs ont un effet permanent, c'est-à-dire qu'ils influent sur toutes les notes de même nom et à toutes les octaves jusqu'à la fin du morceau.

48. Les dièses et les bémols s'appellent *accidentels* lorsqu'ils se présentent passagèrement dans le cours d'un morceau, et n'ont d'effet que dans la mesure où ils se trouvent.

49. On appelle *ordre générateur* des dièses et des bémols la classification des dièses et des bémols constitutifs, c'est-à-dire l'ordre dans lequel ils doivent être placés à la clef.

50. On trouve l'ordre générateur des dièses en transposant la gamme d'ut dans tous les tons par ordre de quinte ascendante ou de quarte descendante; de même, on trouve l'ordre générateur des bémols en transposant la gamme d'ut dans tous les tons par ordre de quarte

ascendante ou de quinte descendante. Dans les deux cas il faut avoir soin de faire qu'il y ait toujours un demi-ton entre la 3e et la 4e note, la 7e et la 8e de chaque gamme. On voit alors les dièses se présenter dans l'ordre suivant et les bémols dans un ordre opposé :

Quelques exemples suffiront pour faire comprendre l'ordre générateur des dièses et des bémols.

51. En résumant le principe des dièses, on voit que le 1er dièse se trouve posé sur le *fa*, le 2e sur *do*, le 3e sur *sol*, le 4e sur *ré*, le 5e sur *la*, le 6e sur *mi*, le 7e sur *si*. Le 2e ne peut jamais être posé avant le 1er ni le 3e avant le 2e, et ainsi de suite. Le dernier dièse se trouve toujours placé sur la note sensible ou 7e note de la gamme, en sorte que la tonique est toujours la note qui suit ce dernier dièse. Avec un dièse à la clef on est donc dans le ton de *sol;* avec 2 dièses, dans le ton de *ré;* avec 3 dièses on est en *la;* avec 4 en *mi;* avec 5 en *si;* avec 6 en *fa* ♯; avec 7 en *do* ♯.

De même, en résumant le principe des bémols, on voit que le 1er bémol se pose sur le *si*, le 2e sur *mi*, le 3e sur *la*, le 4e sur *ré*, le 5e sur *sol*, le 6e sur *do*, le 7e sur *fa*. Le 2e ne peut pas non plus être posé avant le 1er, ni le 3e avant le 2e, et ainsi de suite. Le dernier bémol est toujours placé sur la 4e note de la gamme, en sorte que la tonique se trouve une quarte au-dessous ou une quinte au-dessus. C'est donc l'avant-dernier bémol qui détermine le ton. Avec un bémol à la clef on est donc dans le ton de *fa;* avec 2 bémols on est en *si* ♭; avec 3 en *mi* ♭; avec 4 en *la* ♭; avec 5 en *ré* ♭; avec 6 en *sol* ♭; avec 7 en *do* ♭.

CHAPITRE VIII.

Modes et tons relatifs.

52. *Mode* signifie manière d'être des tons. Un mode est donc le ton dans lequel est écrit un morceau de musique.

53. On distingue deux modes : le mode *majeur* et le mode *mineur*.

54. Un mode est dit majeur quand la tierce de la tonique est majeure (intervalle de 2 tons); il est dit mineur quand la tierce de la tonique est mineure (intervalle d'un ton et demi). — La tonique est toujours la

première ou la dernière note d'un morceau, mais le plus souvent la dernière.

55. Lorsqu'il y a des dièses à la clef, la tonique se trouve au-dessus du dernier quand le mode est majeur, et au-dessous quand le mode est mineur. — Si la clef est armée de bémols, la tonique est une quarte au-dessous du dernier quand le mode est majeur et une tierce au-dessus quand le mode est mineur.

GAMME MAJEURE

GAMME MINEURE

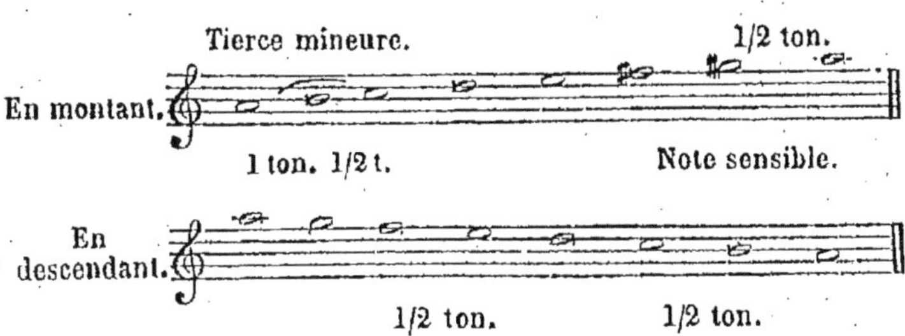

56. Remarque. — *En exécutant la gamme mineure en montant, ainsi qu'elle est marquée ci-dessus, on sent le besoin de hausser d'un demi-ton la note sensible qui tend toujours à se rapprocher de la tonique; mais alors l'intervalle d'un ton et demi, de fa à sol ♯, étant très-désagréable, on dièse également le fa afin qu'il ne soit qu'à un ton du sol ♯. En descendant, la gamme mineure ne doit être composée que des notes de la gamme majeure.*

57. On appelle *ton relatif* d'une gamme majeure le ton d'une gamme mineure ayant à la clef la même armure que la première, mais dont la tonique se trouve située à une tierce mineure au-dessous de celle de la gamme majeure.

TONS MAJEURS ET TONS MINEURS RELATIFS

58. Pour trouver le mode d'un morceau, il faut chercher la tonique et voir si sa tierce est majeure ou mineure. On peut aussi trouver le mode d'un morceau en le lisant attentivement et en cherchant les notes qui forment accord parfait, c'est-à-dire les notes qui dans chaque gamme forment *tonique, tierce et quinte*. Si la quinte n'est pas altérée, on est généralement dans le mode majeur, dans le cas contraire on est dans le mode mineur.

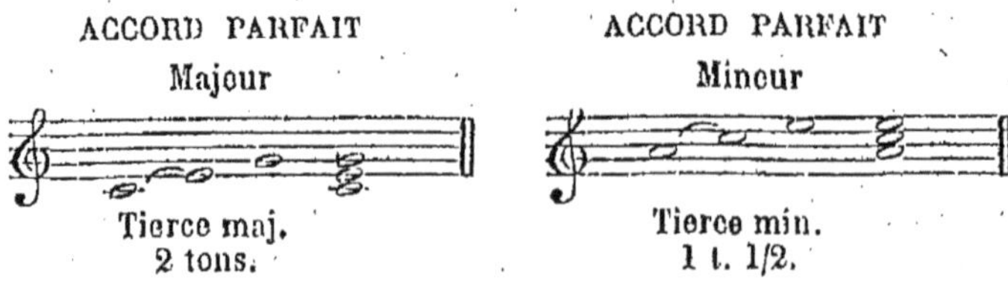

59. Une gamme majeure devient mineure en ajoutant à la clef 3 bémols ou l'équivalent. Ainsi, s'il n'y a rien à la clef de la gamme majeure, il y aura 3 bémols à celle de la gamme mineure; s'il y a un bémol à la gamme majeure, il y en aura 4 à la gamme mineure, et ainsi de suite. De même, s'il y a un dièse à la gamme majeure, on le supprime dans la gamme mineure et on le remplace par 2 bémols; s'il y a 2 dièses, on les supprime et on les remplace par un bémol; s'il y a trois dièses, on les supprime sans rien ajouter; s'il y a 4 dièses, on en supprime trois, et ainsi de suite.

Les quelques exemples suivants serviront à mieux faire comprendre cette théorie (nous donnons en même temps les accords parfaits des gammes).

Nous conseillons de faire frapper souvent des accords parfaits majeurs et mineurs, afin d'exercer les oreilles des enfants à les bien distinguer.

CHAPITRE IX.

Transposition

60. La *transposition* est l'art d'écrire ou d'exécuter un morceau de musique dans un autre ton que celui où il se trouve.

61. Pour transposer un morceau, il faut d'abord donner à la clef l'armure du ton dans lequel on désire entrer, puis on hausse ou l'on baisse chacune des notes du morceau d'autant de degrés qu'il y en a entre le ton du premier morceau et celui dans lequel on le transpose. Ainsi, si un morceau est écrit dans le ton de fa et qu'on veuille le transposer en mi ♭, c'est-à-dire un ton plus bas, on arme la clef de 3 bémols (*si, mi, la,*) puis on écrit chacune des notes du morceau un degré plus bas.

62. Remarque. — Lorsque dans le courant d'un morceau on rencontre une note affectée d'un signe accidentel quelconque, il faut faire subir à cette note la même altération dans le 2e morceau, c'est-à-dire que si la note du premier morceau est haussée ou baissée, ou rétablie dans son ton naturel par l'emploi du dièse, du bémol ou du bécarre, la note correspondante dans le second morceau devra subir la même altération par l'emploi convenable de l'un quelconque de ces signes.

Nous ne donnons pas ici une théorie détaillée de la transposition, ce petit traité devant être très-élémentaire. Les quelques exemples qui suivent feront suffisamment comprendre le système de la transposition, les explications du maître venant au besoin suppléer à l'intelligence des élèves.

MORCEAU EN *Fa* MAJEUR

Morceau précédent transposé 1 ton plus bas (en *mi* ♭ maj.)

Premier morceau transposé en *sol* maj. (1 ton plus haut)

Premier morceau transposé en *la* maj. (2 tons plus haut)

MORCEAU EN *Mi* MINEUR

(Ton relatif de *sol* majeur)

Morceau précédent transposé 2 tons plus haut (*sol* min.)

Premier morceau transposé en *fa* mineur (1 ton plus haut)

CHAPITRE X

Mouvement. — Métronome. — Nuances.

63. On appelle *mouvement* le degré de lenteur ou de vitesse que l'on donne à la mesure. Les mouvements se classent en mouvements *lents*, en mouvements *moyens* et en mouvements *vifs*.

64. Pour indiquer le mouvement on se sert de certaines dénominations italiennes, dont les principales sont :

Dénominations.	Signification.
	Mouvements lents.
GRAVE	Gravement, excessivement lent
LARGO	Largement, très-lentement.
LENTO	Lentement.
LARGHETTO	Moins lent que largo et lento.
ADAGIO	Posément, sans se presser.
CANTABILÉ	Lentement, avec goût, grâce.
	Mouvements moyens.
ANDANTE	Sans trop de lenteur, avec calme
ANDANTINO	Moins lent qu'andante.
MODERATO	Modérément.
TEMPO DI MARCIA	Mouvement de marche.
	Mouvements vifs.
ALLEGRETTO (all^{tto})	D'une vivacité modérée
ALLEGRO (all^{o})	Vif, gai.
ALLEGRETTINO	Léger.
VIVACE	Avec vivacité.
PRESTO	Vif, animé, rapide.
PRESTISSIMO	Très-rapide.

65. A ces divers mouvements on ajoute parfois certaines expressions qui leur donnent un caractère tout particulier. Ces expressions sont :

Termes.	Signification.
Con expressionne....	Avec expression.
Amoroso ou affettuoso	Avec amour, sentiment, affection
Maestoso...........	Majestueusement, avec dignité.
Grazioso...........	Gracieusement.
Con anima..........	Avec émotion.
Brillante..........	Avec éclat.
Agitato............	Avec agitation.

66. Plusieurs auteurs se servent du *métronome de Mœltzel* pour indiquer le mouvement. Cet instrument n'est autre chose qu'un pendule dont les oscillations indiquent la vitesse avec laquelle se succèdent les temps d'une mesure pendant une minute. Pour indiquer le mouvement au moyen du métronome, on place au commencement du morceau les lettres M. M. qui veulent dire *métronome Mœltzel*, et on les fait suivre d'une note avec le nombre d'oscillations que doit faire le pendule pour cette valeur. Exemple :

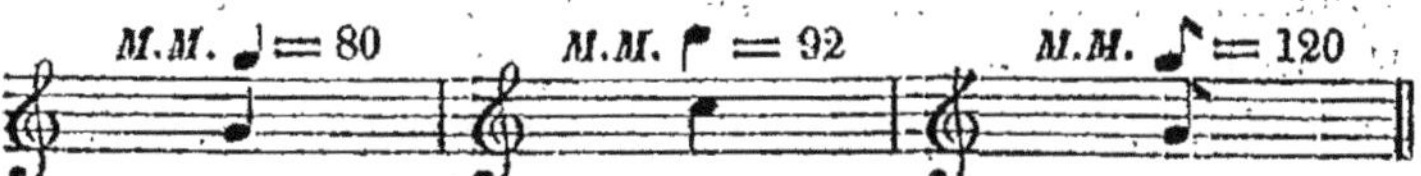

67. Le métronome étant d'un prix trop élevé pour la plupart de nos écoles, on a trouvé le moyen de le remplacer par un fil à plomb. La longueur à donner à ce fil, pour que ses oscillations soient exactes à celles du métronome, est indiquée dans le tableau suivant, qui donne la durée réelle des valeurs pour une minute.

Rhythme des principaux mouvements.

Termes.	Métron. Mœltzel.	Métron. métrique.
Lento..........	40 ♩....	2m 08
Larghetto.....	42 ♩....	1 92
Adagio........	46 ♩....	1 60
Andante.......	48 ♩....	1 44
Andantino.....	52 ♩....	1 28

Termes.	Métron. Mœltzel.	Métron. métrique.
MODERATO	66 ♩	0 72
TEMPO DI MARCIA	69 ♩	0 68
ALLEGRETTO	72 ♩	0 64
ALLEGRO	80 à 92 ♩	0m52 à 0 40
ALL° VIVACE	112 ♩	0 26
PRESTO	176 ♩	0 11

68. On appelle *nuances* certaines modifications que l'on fait subir au son et qui ajoutent à la beauté et à l'expression du chant.

69. Les principaux termes italiens employés pour représenter les nuances sont :

Termes.	Abréviations.	Signification.
PIANISSIMO	*pp*	Très-faible, très-doux.
PIANO	*p*	Faible, doux.
DOLCE	*dol.*	Doux.
SOTTO-VOCE	*s-v.*	A demi-voix.
MEZZO-FORTE	*mf.* ou *mezz-f.*	Demi-fort.
FORTE	*f.*	Fort.
FORTISSIMO	*ff.*	Très-fort.
SFORZANDO	*sfz* ou ^ ou >	Forcer subitement.
RINFORZANDO	*rinf.* ou *rfz*	En renforçant.
CRESCENDO	*cresc.* ou <	En augmentant de force.
DECRESCENDO	*decresc.* ou >	En diminuant de force.
SOSTENUTO	*sost*	En soutenant.
RITENUTO	*rit.*	En retenant.
LEGATO	*leg.*	Lié.
RALLENTENDO	*rall*	En ralentissant.
EXPRESSIVO	*express*	Expressif.
SMORZENDO	*smorz*	En mourant, éteindre.
MORENDO	*mor*	id. id.

Les mots *ad libitum* ou *a piacere* ou *a capriccioso*

(à volonté) indiquent que l'on peut ralentir ou presser le mouvement à son gré jusqu'à la rencontre du mot *a tempo* indiquant qu'il faut reprendre le mouvement régulier ou 1er mouvement.

CHAPITRE XI

Liaison ou coulé. — Syncope. — Point d'orgue. — Détaché ou Staccato. — Reprise. — Renvoi. — Notes d'agrément.

70. La *liaison* ou *coulé* est un signe comme ceci ⌒ que l'on place au-dessus ou au-dessous de plusieurs notes différentes ou de même nom, et qui indique qu'elles doivent s'exécuter dans une seule émission de voix. La dernière note d'une liaison, ainsi que celle qui précède cette liaison perdent la moitié de leur valeur. Cette valeur perdue se remplace dans l'exécution par un silence équivalent. Lorsque deux notes sont liées on appuie plus fortement sur la première que sur la seconde. Exemple :

71. On appelle *syncope* l'union de deux mêmes notes liés ensemble et que l'on exécute dans une seule émis-

sion de voix. Quand le syncope s'opère du dernier temps d'une mesure au premier de la mesure suivante, elle s'indique par ce signe ⁀ qui sert à les lier. Exemple :

72. On donne le nom de ***point d'orgue*** à un signe comme ceci 𝄐 que l'on place au-dessus d'une note ou d'un silence, et qui indique une prolongation indéterminée de cette note ou de ce silence. Quand le point d'orgue se place sur un silence, il s'apelle ***point d'arrêt.*** On donne encore le nom de point d'orgue à un groupe de plusieurs petites notes qu'on exécute *ad libitum.* Exemple :

73. Le ***détaché*** ou ***staccato*** se marque par des points placés au-dessus ou au-dessous des notes et indiquent qu'il faut les piquer ou faire une légère séparation entre elles, la note devant avoir à peu près la moitié de sa valeur. Quelquefois le point est allongé; alors la note ne doit avoir que le quart de sa valeur. Exemple :

74. On appelle *reprise* une phrase musicale ou partie d'un morceau qui doit être exécutée deux fois. La reprise s'indique au moyen de deux points placés l'un sous l'autre et à gauche ou à droite des deux barres verticales qui terminent la phrase musicale que l'on doit répéter. Si les deux points sont à gauche et à droite des deux barres, on exécute deux fois ce qui précède et deux fois ce qui suit. Cette dernière reprise

s'appelle ***reprise double***, et les deux premières, ***reprises simples***. Exemple :

75. Les reprises sont quelquefois indiquées comme suit :

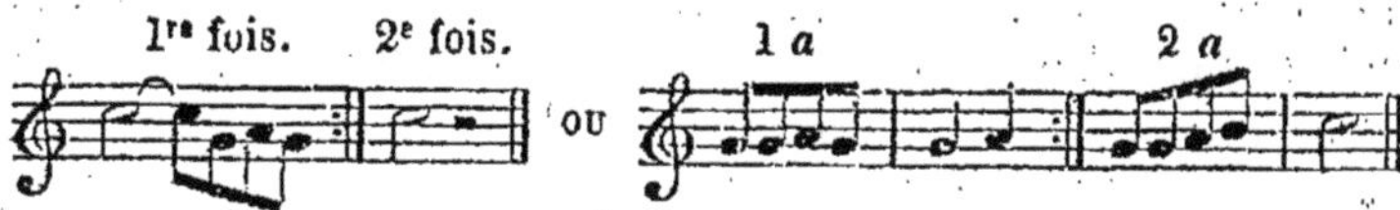

Dans le premier cas, la première mesure est remplacée par la seconde, en faisant la reprise ; dans le second cas, ce sont les deux premières mesures qui sont remplacées par les deux dernières.

76. Les *renvois* sont les signes suivants 𝄋 ⊕ que l'on écrit dans un certain endroit d'un morceau, le plus souvent au commencement, et qui indiquent, quand on les retrouve une seconde fois, qu'il faut reprendre où ils ont paru premièrement jusqu'au mot *fin* qui est quelquefois remplacé par un point d'orgue placé sur les deux barres de la première reprise. Le second renvoi est aussi quelquefois remplacé par les mots *al segno* (au signe). — Le *Da capo* (D.C.) est une autre espèce de renvoi indiquant qu'il faut également recommencer le morceau jusqu'au mot *Fin*. Exemple :

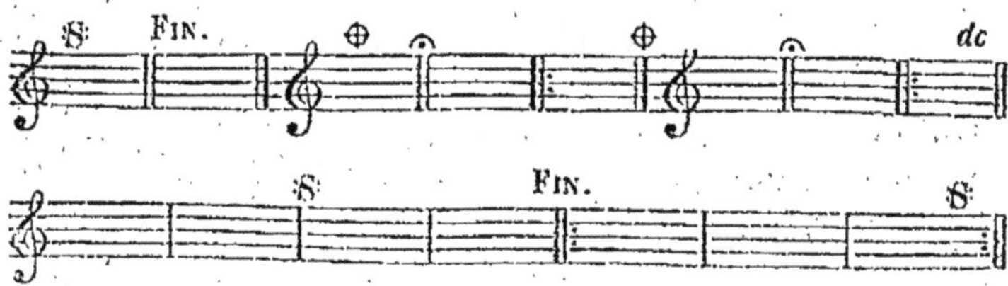

77. On appelle ***notes d'agrément*** certaines petites notes que l'on rencontre parfois dans le courant d'un morceau et qui ne sont pas comptées dans la mesure.

En chantant, on leur donne la moitié de la valeur de la note suivante, si cette valeur est divisible par 2, et le tiers seulement, si cette valeur est divisible par 3.

78. Les notes d'agrément sont ou seules ou par groupes de 2, 3 et 4 notes. — Une note d'agrément seule prend le nom d'*appogiature*, et si elle est coupée par une barre transversale, elle s'appelle *appogiature brisée*. Le groupe de 2 notes s'appelle *appogiature double;* celui de 3 notes *appogiature triple;* quant à celui de 4 notes, il prend le nom de *grupetto* et se marque quelquefois par ce signe ~.

La trille *(tr.)* est un battement du gosier sur l'avant-dernière note d'une phrase musicale. Exemple :

CHAPITRE XII.

Mélodie. — Accord. — Harmonie. — Différentes sortes de voix. — Diapason. — Conditions essentielles d'une bonne exécution.

79. La *mélodie* est une suite d'accord formant un sens agréable à l'oreille.

80. On appelle *accord* l'union de plusieurs sons

différents, et *accord parfait* l'émission des notes qui, dans chaque gamme, forment *tonique, tierce* et *quinte* avec répétition de la tonique.

81. On donne le nom *d'harmonie* à une succession d'accords. Le nombre de sons qui existe dans l'harmonie détermine le nombre des parties. Un morceau exécuté par une seule personne s'appelle *solo ;* deux personnes chantant en partie, c'est-à-dire avec des sons différents, forment *un duo ;* trois personnes forment un *trio;* quatre personnes, un *quatuor ;* cinq personnes, un *quintette* ou *quintetto,* etc. Lorsque plusieurs personnes chantent ensemble différentes parties, elles forment ce qu'on appelle un *chœur*.

82. On distingue plusieurs sortes de voix que l'on divise en *voix d'hommes*, en *voix de femmes* et en *voix d'enfants.*

83. Les voix d'hommes sont : la *basse*, le *baryton* et la *taille* ou *ténor*.

84. Les voix de femmes et d'enfants sont : le *contralto*, l'*alto*, le *mezzo-soprano* ou *second dessus* et le *soprano* ou *premier dessus*.

ÉTENDUE ORDINAIRE DES PRINCIPALES VOIX HUMAINES

Voix d'hommes.

Voix de femmes et d'enfants.

85. On appelle *diapason* l'étendue des sons qu'une voix peut parcourir. Le diapason des voix ordinaires est de 12 à 15 notes diatoniques. — On appelle encore diapason un petit instrument donnant le *la* et servant à indiquer la tonique.

86. Pour bien exécuter un morceau, il ne suffit pas de remplir exactement toutes les règles relatives à l'intonation et au mouvement, ni d'observer les nuances indiquées par le compositeur; il faut de plus donner une bonne tenue au corps, à la bouche, à la langue, et bien émettre les sons. Or, pour bien chanter, il faut se tenir debout et droit, avoir la tête haute, la poitrine en avant, les épaules effacées, prendre un air dégagé et souriant, ne point froncer les sourcils, avoir la bouche médiocrement ouverte et sans grimacer, enfin placer la langue naturellement dans la bouche en la faisant toucher légèrement les dents.

Pour bien émettre les sons, il faut : chanter et ne point crier, ne point faire usage de la voix de poitrine au lieu de la voix de tête dans les notes aiguës, ne point chanter plus fort qu'il ne faut de manière à entendre en même temps toutes les autres parties, enfin bien observer les nuances indiquées par le compositeur et appuyer un peu sur les temps forts de chaque mesure.

FIN DE LA PREMIÈRE PARTIE

DEUXIÈME PARTIE.

Exercices de Solfège.

Lecture des notes.

Avant de passer aux exercices de solfège proprement dits, nous croyons utile de donner ci-dessous quelques exercices sur la dénomination des notes. L'élève devra donc ou nommer les notes des exercices suivants, ou les copier en écrivant au-dessous des notes le nom de chacune. — On peut aussi faire étudier les notes aux élèves en les faisant se servir de la main comme d'une portée, le 4ᵉ doigt ou annulaire représentant la ligne où est placée la clef de sol.

DÉNOMINATION DES NOTES

NOTES SUR LES LIGNES

N° 1

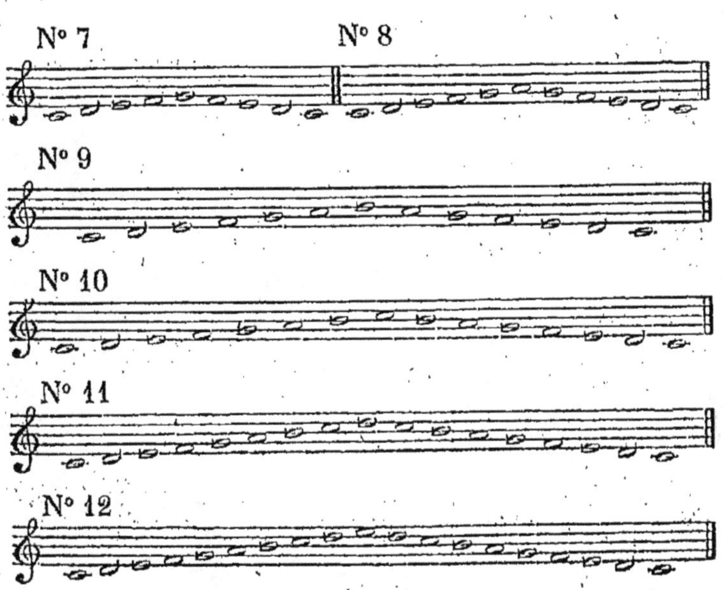

EXERCICES POUR ÉTUDIER LES INTERVALLES

Faire lire ces exercices d'abord lentement, en nommant aussi les notes noires, puis répétant les deux rondes; faire lire ensuite de plus en plus rapidement les noires jusqu'à ce que l'élève puisse chanter juste et d'une seule fois chaque intervalle. Ainsi, par exemple, dans l'exercice de tierce, on dira : *do*, *ré*, *mi*, *do*, *mi*, *ré*, *mi*, *fa*, *ré*, *fa*, etc., et ainsi de suite pour tous les intervalles.

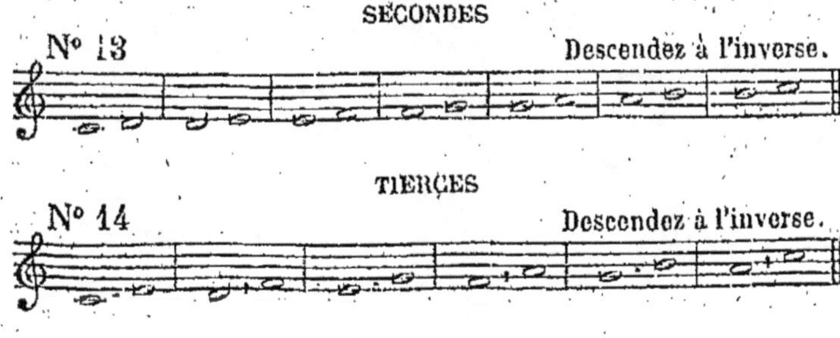

QUARTE

Nº 16

QUINTE

Andante.
Nº 22
EXERCICES POUR ÉTUDIER LES NOIRES, LES CROCHES, LES SOUPIRS, LES DEMI-SOUPIRS ET LA MESURE À 2 TEMPS.
Nº 23
1 2 1 2 1 2 1 2 1 2
Andante.
Nº 24

EXERCICES POUR ÉTUDIER LA MESURE A 3 TEMPS

EXERCICES POUR ÉTUDIER LA BLANCHE POINTÉE
N° 30
123 4 1234 123 4 123 4 123 4 123 4
Adagio.
N° 31

EXERCICES POUR ÉTUDIER LA NOIRE POINTÉE

EXERCICES POUR ÉTUDIER LE TRIOLET ET LA CROCHE POINTÉE

EXERCICES POUR ÉTUDIER LES MESURES A $\frac{6}{8}$, A $\frac{3}{8}$ ET LES SIGNES ACCIDENTELS

La première mesure des deux morceaux suivants étant incomplète, pour commencer à propos, on compte les temps qui manquent et l'on attaque au dernier de la mesure. On dira donc ici : 1-2 et l'on chantera immédiatement *la croche*, *do* ou *sol*.

Moderato.

Moderato.

EXERCICES POUR ÉTUDIER LES SYNCOPES

Moderato.

N° 41

Moderato.

N° 42

FIN DE LA DEUXIÈME PARTIE.

TROISIÈME PARTIE.

Morceaux de Chant

A UNE, DEUX & TROIS VOIX.

L'éternel Auteur.

(CANON A 2 VOIX.)

Paroles et musique de F. Le Mercier.

Le Retour du printemps.

(CANON A 3 VOIX.)

Paroles et musique de F. Le Mercier.

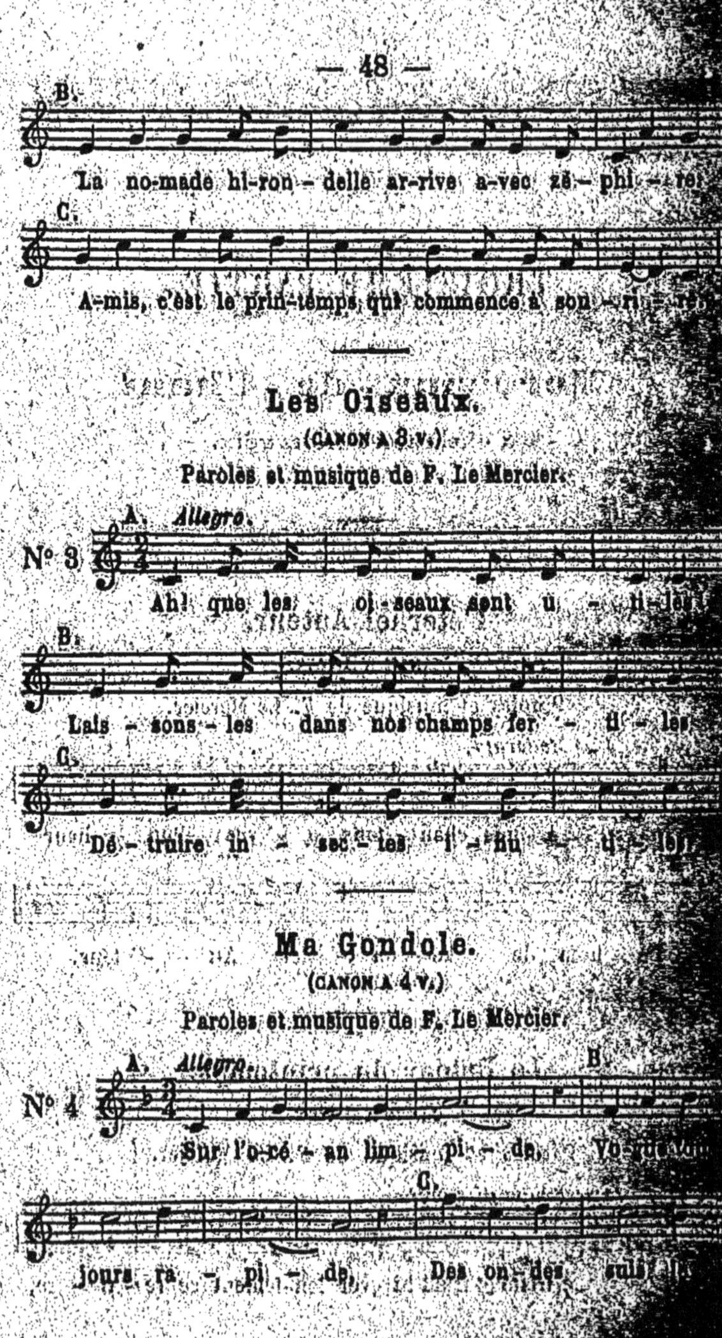
B.
La no-made hi-ron-delle ar-rive a-vec zé-phi-
C.
A-mis, c'est le prin-temps qui commence à sou-ri-
Les Oiseaux.
(CANON A 3 V.)
Paroles et musique de F. Le Mercier.
A. Allegro.
N° 3
Ah! que les oi-seaux sont u-ti-
B.
Lais-sons-les dans nos champs fer-ti-les
C.
Dé-truire in-sec-tes i-nu-ti-
Ma Gondole.
(CANON A 4 V.)
Paroles et musique de F. Le Mercier.
A. Allegro.
B.
N° 4
Sur l'o-cé-an lim-pi-de,
C.
jours ra-pi-de, Des on-des

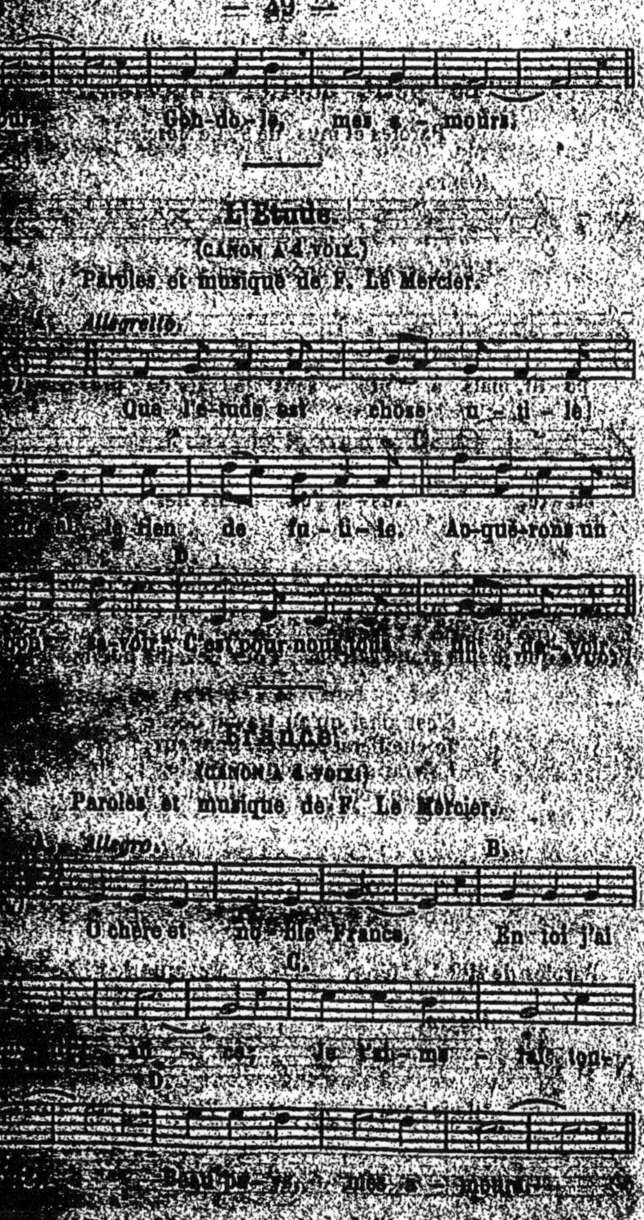
Gon-do-le, mes a-mours.
L'Étude.
(CANON A 4 VOIX.)
Paroles et musique de F. Le Mercier.
Allegretto.
Que l'é-tude est chose u-ti-le
le rien de fu-ti-le. Ac-qué-rons un
C'est pour nous
de-voir.
France.
(CANON A 4 VOIX.)
Paroles et musique de F. Le Mercier.
Allegro.
B.
O chère et no-ble France, En toi j'ai
C.
D.
mes a-mours.

Le petit Ecolier laborieux.

Paroles et mus. de F. Le Mercier.

2

Je me rends sans bonne à l'école,
Lisant en chemin ma leçon;
Le sac que je porte à l'épaule
Prouve que je suis grand garçon.

3

Jamais je ne m'arrête en route.
Je sais ma leçon chaque jour.
Quand le maître parle, j'écoute,
Pour devenir homme à mon tour.

4

C'est ainsi qu'au travail docile
Je cueillerai science, honneur;
Le vrai savoir, source fertile,
Donne vertu, gloire et bonheur.

L'Etude.

Paroles de Mlle Le Mérer. Musique de F. Le Mercier.

Soyons tous i-vres : L'é-tu-de fait les forts.

2

Faibles, nous sommes ;
Soyons des hommes
Capables de bienfaits.
Sur l'ignorance,
Nulle espérance
Ne se fonda jamais.

3

Aimons l'étude
Facile ou rude,
C'est l'âme du savoir ;
Elle est le germe
Qui rend plus ferme
L'homme dans son devoir.

La Retraite.

Paroles de F. Le Mercier. Air de la retraite militaire.

A-mis, voi-ci pour nous l'heu-re de la re-

trai-te : Quit-tons nos bancs ; Ren-trons sans

bruit, cha-cun chez ses pa-rents ; Et quand pour le sol-

dat son-ne-ra la trom-pet-te, Qu'au re-pos l'on s'ap-

prê-te : Al-lons dor-mir com-me de bons en-fants.

Pour imiter la retraite qui paraît d'abord venir de loin, se rapprocher pour s'éloigner ensuite, on peut commencer ce morceau d'abord très-faiblement pour aller en renforçant jusqu'à la fin ; on recommence ensuite en diminuant graduellement.

Dieu.

Paroles et musique de F. Le Mercier.

2

C'est lui qui dans sa bienveillance
Nous donne un pain quotidien,
Qui pour diriger notre enfance
Créa notre ange gardien.

3

C'est lui qui de plumes légères
Habille dans son nid l'oiseau,
Et qui pour consoler les mères
Veille sur l'enfant au berceau.

4

Et chaque jour il nous ramène
Le soleil pur et radieux,
Et la lune qui se promène
Le soir dans la voûte des cieux.

5

Enfin, c'est ce Dieu qui nous donne
Les vrais biens qui ne trompent pas,
Et qui nous rend la vie si bonne,
Ah ! chantons-le donc ici-bas.

Travail et Bonheur.

(Pour rentrée en classe)

Paroles et musique de F. Le Mercier.

2

A la leçon soyons tous très-dociles ;
Ecoutons bien du maître les avis;
Car si les jeux nous sont parfois utiles,
L'étude a bien ses charmes et son prix.
Rentrons, etc.

3

Et quand un jour notre sainte patrie
Réclamera bras et science et cœur,
Servons-la bien, cette mère chérie,
Rendons-lui gloire, avenir et bonheur.
Rentrons, etc.

La Récréation.

(Pour sortie de classe)

Paroles et musique de F. Le Mercier.

2

Les jeux reviennent en leur temps
Et doivent suivre notre ouvrage.
Sautons, luttons avec courage.
Utilisons ces courts instants.
Amis, etc.

3

Livrons-nous des combats joyeux :
La gymnastique est très-utile ;
Cet exercice si fertile
Nous rendra souples, vigoureux.
Amis, etc.

Adieux du jeune Conscrit.

Paroles et mus. de F. Le Mercier.

2

Champs paternels, humbles ruisseaux,
Arbres fleuris, charmants oiseaux (*bis*),
Temple béni, clocher pieux
Recevez mes tristes adieux (*bis*).

3

Gais compagnons de mes plaisirs,
De mes travaux, de mes loisirs (*bis*),
La France appelle ses soldats,
Adieu, je pars pour les combats (*bis*).

4

O vous qui de soins incessants
Avez comblé mes jeunes ans (*bis*),
Il faut, hélas ! fuir ce doux lieu.
Bon père, bonne mère, adieu (*bis*) !

5

Adieu, vous tous que j'aime tant,
Parents, amis, lieu si charmant (*bis*),
Je vous garde tout mon amour.
Pensez à moi jusqu'au retour (*bis*).

Les Soldats de la France.

Paroles et musique de F. Le Mercier.

2

Soyons toujours soldats prêts à tout sacrifice;
Des peuples opprimés soyons les défenseurs;

Ayons tous pour devise : *humanité, justice,*
Quand aux champs des combats nous serons les vainqueurs.
En avant, etc.

3

Mais si jamais rêvant massacres et conquêtes
L'ennemi revenait fouler le sol natal,
Qu'alors nos bras vengeurs, nos rudes baïonnnettes
Lavent dans leur trépas l'affront national.
En avant, etc.

L'Hirondelle.

Paroles de Mlle Le Mérer. Musique de F. Le Mercier.

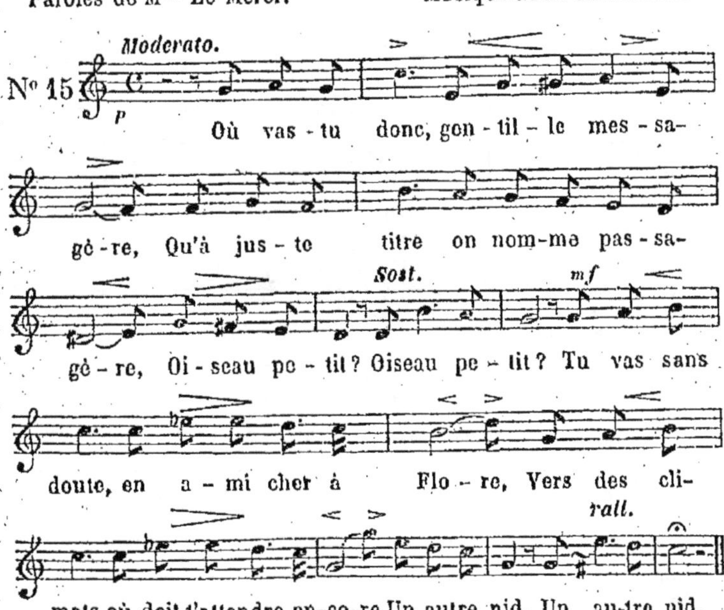

2

A ton approche on voit fleurir les roses,
Verdir les bois, les prés et mille choses
Qu'on aime tant (*bis*).
Mais tu nous fuis ; déjà l'hiver arrive
Flétrir les fleurs, faisant taire la grive
Au joyeux chant (*bis*).

3

L'homme en ce monde a comme toi, ma belle,
Son doux printemps pour exercer son aile,
Prendre son cours (*bis*)
Vers le climat, son but, son espérance,
Quand il fuira ces rives de souffrances,
Et pour toujours (*bis*).

Berceuse.

Paroles et musique de F. Le Mercier.

2

Ta mère avec amour protège ton berceau.
Dors, car c'est l'heure où tout sommeille :
La brise dans les bois et dans son nid l'oiseau;
Seul ton ange avec moi te veille.
Dors! etc.

3

Dors avec abandon sur ce doux oreiller ;
Songe à nombre d'enfants sans mère,
Pauvres, manquant de soins, n'ayant pour les veiller
Personne, hélas ! sur cette terre.
   Dors ! etc.

Le Myosotis.

Paroles de Mlle Le Mercier. Musique de F. Le Mercier.

2

Ne vous oubliez pas ; malgré la longue absence,
De vos affections gardez le souvenir ;
Car en se souvenant on franchit la distance,
Mais pour les cœurs aimants, oublier c'est mourir.
O fleur du souvenir, etc.

3

Parle-nous bien souvent, car parfois dans la vie
Le départ vient, hélas ! ternir notre bonheur,
Et l'amitié pourrait être à l'absent ravie;
Parle-nous donc toujours, ô ma petite fleur !
O fleur du souvenir, etc.

Souvenirs.

Paroles et musique de F. Le Mercier.

2

A vous mes amours,
Toujours!
O mes vertes prairies,
O mes grèves chéries,
O mes riants coteaux
Si fertiles, si beaux,
Bois sombre au doux ombrage,
Ecole du village,
A vous mes amours,
Toujours! } *bis.*

3

Soyez mes amours,
Toujours!
Blanche et sainte chapelle
Où de l'âme fidèle
S'envole avec espoir
La prière du soir,
Et vous cloche pieuse,
Plaintive, harmonieuse,
Soyez mes amours,
Toujours! } *bis.*

Image de la vie.

Paroles de Mlle Le Mérer. Musique de F. Le Mercier.

Allegro.

N° 19

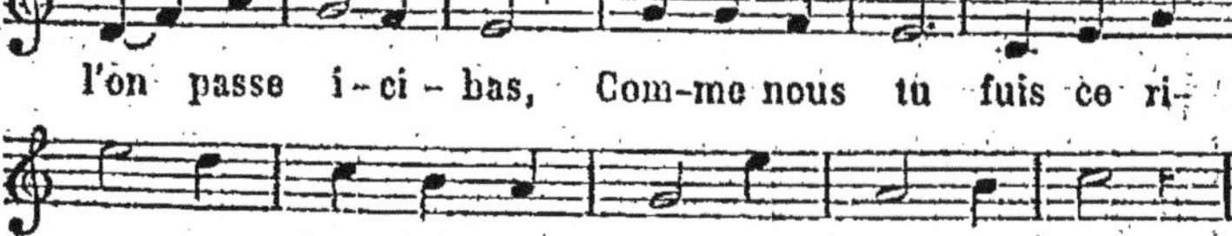

2

En vain, fatigué, vers sa source
On chercherait à remonter,
Il faut continuer la course
Sans jamais pouvoir s'arrêter.

3

Allons vers ce fleuve où toute onde
Afflue et se perd sans retour,
Ce fleuve dans lequel le monde
Devra disparaître à son tour.

Ce que j'aime.

Paroles et musique de F. Le Mercier.

2

J'aime entendre sous la feuillée
Gazouiller le petit oiseau;
J'aime aussi voir dans la vallée
Couler le limpide ruisseau.

Mais j'aime, etc.

3

J'aime à voir la mer animée ;
J'aime le chant des matelots,
Et la brise si parfumée
Venant du large avec les flots.
Mais j'aime, etc.

4

J'aime la nuit silencieuse,
Des astres la pâle clarté,
Et la lune mystérieuse
Voyageant dans l'immensité.
Mais j'aime, etc.

5

J'aime du printemps la verdure,
De l'été les riches moissons,
De l'automne la grappe mûre
Et de l'hiver les blancs glaçons.
Mais j'aime, etc.

La Patrie.

Paroles et musique de F. Le Mercier.

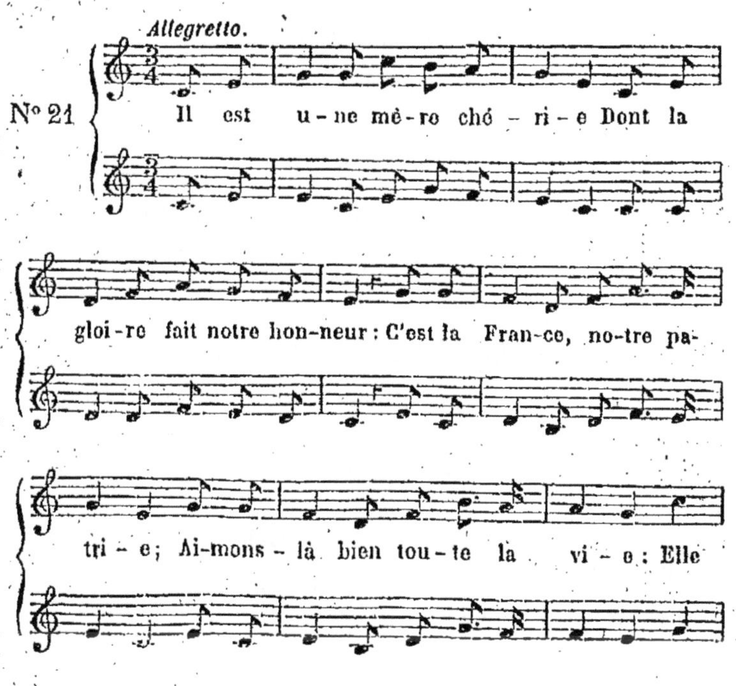

2

Qu'elle est belle, la noble France!
Du monde entier c'est le flambeau.
En elle ayons toute espérance,
Groupons-nous avec confiance
Près de son immortel drapeau (*bis*).

3

Des nations sois la première,
O France, pays généreux;
Des peuples reste la lumière,
De tes enfants sois toujours fière :
Ils sont dignes de leurs aïeux (*bis*).

Oiseau, Fleur et Ruisseau.

Paroles et mus. de F. Le Mercier.

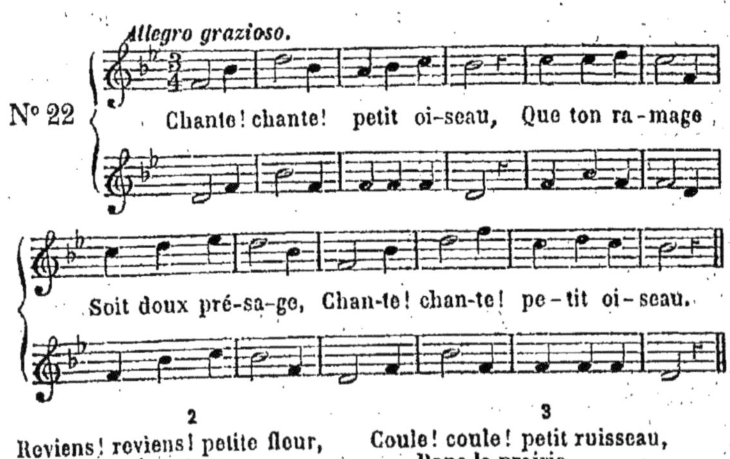

2

Reviens! reviens! petite fleur,
Donne à nature
Riche parure,
Reviens! reviens! petite fleur.

3

Coule! coule! petit ruisseau,
Dans la prairie
Fraîche et fleurie,
Coule! coule! petit ruisseau.

Appel au Printemps.

Paroles et musique de F. Le Mercier.

2

La prairie émaillée offre son diadème
Au fils des champs.
Le passereau revient à son chaume qu'il aime
Donner ses chants;
La bergère a repris dans la riche campagne
L'humble fuseau;
Elle chante un refrain que bientôt accompagne
Un tendre oiseau.

3

L'araignée a déjà dans ses filets de soie
Fait des captifs ;
La mouche prisonnière a remplacé sa joie
En cris plaintifs ;

Le printemps reverdit les plaines de Bretagne,
Notre ciel gris
Voit du soir au matin se couvrir la montagne
D'ajoncs fleuris.

Les Nids d'Oiseaux.

Paroles et musique de F. Le Mercier.

2

Qu'il est doux au printemps d'entendre le ramage
Des jeunes oisillons perchés sur les rameaux,
Ou de voir l'hirondelle au noir et doux plumage,
Raser en gazouillant le pur cristal des eaux!
Oh! ne touchons, etc.

3

Prenons donc en pitié la chétive famille
Qui niche sous nos toits ou dans les verts buissons,
Et qui plus tard viendra sous l'épaisse charmille
Réveiller les échos de joyeuses chansons.
Oh! ne touchons, etc.

Les Vacances.

Paroles et musique de F. Le Mercier.

2

Adieu plumes et cahiers,
Crayons, règles, encriers,
Et vous bouquins ennuyeux,
Trouble fête de nos jeux,
Partagez ce doux loisir
Que nous prenons à plaisir } *bis.*

3

Blâmes et punitions,
Grammaire, opérations
Du système décimal
Dont les noms seuls nous font mal,
Recevez à votre tour
Nos adieux en ce beau jour } *bis.*

4

Mais après avoir compté
Quelques jours de liberté,
Nous reprendrons sans chagrin
De l'étude le chemin.
Puis au travail ardemment
Nous nous livrerons gaîment } *bis.*

O mon village!

Paroles et musique de F. Le Mercier.

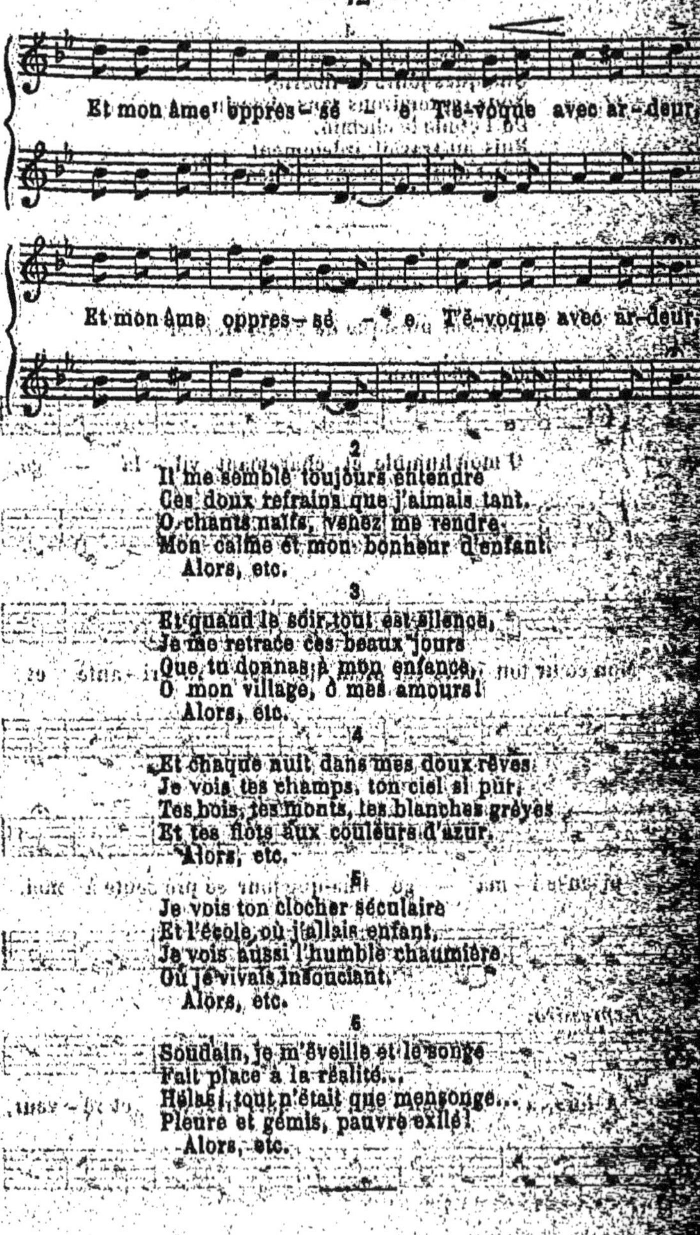

2

Il me semble toujours entendre
Ces doux refrains que j'aimais tant.
O chants naïfs, venez me rendre
Mon calme et mon bonheur d'enfant.
Alors, etc.

3

Et quand le soir tout est silence,
Je me retrace ces beaux jours
Que tu donnas à mon enfance,
O mon village, ô mes amours!
Alors, etc.

4

Et chaque nuit dans mes doux rêves
Je vois tes champs, ton ciel si pur,
Tes bois, tes monts, les blanches grèves
Et tes flots aux couleurs d'azur.
Alors, etc.

5

Je vois ton clocher séculaire
Et l'école où j'allais enfant,
Je vois aussi l'humble chaumière
Où je vivais insouciant.
Alors, etc.

5

Soudain, je m'éveille et le songe
Fait place à la réalité...
Hélas! tout n'était que mensonge...
Pleure et gémis, pauvre exilé!
Alors, etc.

Chant du soir.

Paroles et musique de F. Le Mercier.

(1) *Au dernier refrain il faut dire :* Partons, partons sans bruit.

(1) *Au dernier refrain il faut dire :* Dormons tous.

2

Il est l'heure où l'oiseau, le bec dans son plumage,
S'endort paisiblement au milieu du buisson;
Seul, le gai rossignol, caché sous le feuillage,
Prélude lentement à sa belle chanson.
Amis, etc.

3

Il est l'heure où l'enfant, au doux chant de sa mère,
Dort calme et souriant dans son frêle berceau.
— Et la lune poursuit sa sereine carrière,
Éclairant l'univers de son pâle flambeau.
Amis, etc.

4

C'est l'heure où tout se tait, où la nature entière
Repose doucement sous la voûte des cieux,
Heure où s'éteint enfin la dernière lumière;
Allons aussi dormir le cœur pur et joyeux.
Amis, etc.

Ne quitte pas encore.

Paroles de Mlle Le Mérer. Musique de F. Le Mercier.

N° 29

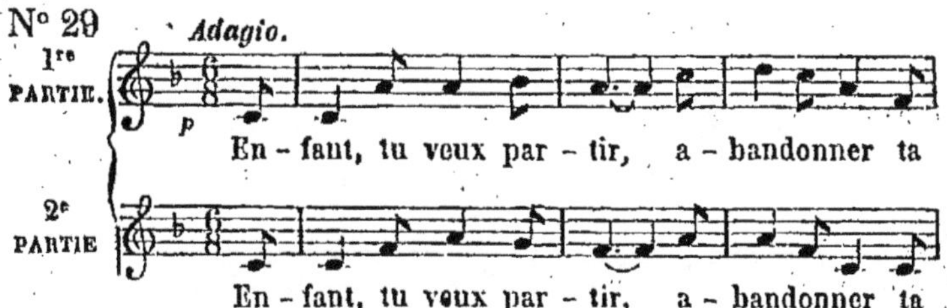

In-sensible à sa voix, à sa douleur a - mère, Tu
In-sensible à sa voix, à sa douleur a - mère, Tu
veux ou-vrir ton aile et prendre ton es - sor.
veux ou-vrir ton aile et prendre ton es - sor.
Con expressionne.
1re PAR.
mf
Oh! res - te, pauvre en - fant, ne quit-
2e PAR.
Oh! res - te, pauvre en - fant, ne quit-
3e PAR.
Oh! res - te, pauvre en - fant, ne quit-
te pas en-co - re! Attends qu'un autre hi-
te pas en-co - re! Attends qu'un autre hi-
te pas en-co - re! Attends qu'un autre hi-

ver ait blanchi mes che-veux; Attends un jour meil-
ver ait blanchi mes che-veux; Attends un jour meil-
ver ait blanchi mes che-veux; Attends un jour meil-

leur, u-ne plus belle au-ro-re; At-tends que le tré-
leur, u-ne plus belle au-ro-re; At-tends que le tré-
leur, u-ne plus belle au-ro-re; Attends que le tré-

pas m'ait fait quit-ter ces lieux.
pas m'ait fait quit-ter ces lieux.
pas m'ait fait quit-ter ces lieux.

2

Tu veux fuir et bien loin de ton chaume rustique
Loin de ces monts si beaux, loin de ces champs si verts!
Mais tu n'aimes donc plus ce vieux clocher gothique?
Pour toi ce frais vallon n'est donc plus l'univers?
Oh! reste, etc.

3

Souviens-toi qu'autrefois tu me disais : « Ma mère,
« Lorsque j'aurai grandi, ton sort sera plus doux;
« Tu ne sentiras plus le poids de la misère,
« Et le Dieu qui m'entend aura pitié de nous. »
Oh! reste, etc.

4

Alors je te croyais; oubliant ma souffrance,
J'entrevoyais pour toi l'avenir le plus beau!...
Ah! ne m'arrache pas ma plus douce espérance;
Non, tu ne voudrais pas me creuser mon tombeau.
Oh! reste, etc.

5

Aux larmes de ta mère, au souvenir d'un père,
Rends-toi, je t'en supplie, épargne-moi des pleurs;
Renonce à ton projet, car il me désespère.
Si tu pars, ô mon fils, je mourrai de douleurs.
Oh! reste, etc.

Vogue mon beau navire!

Paroles et musique de F. Le Mercier.

Vogue au doux souffle du zéphy - re, Vogue en sil-lonnant
Vogue au doux souffle du zéphy - re, Vogue en sil-lonnant
Vogue au doux souffle du zéphy - re, Vogue en sil-lonnant

pp
l'eau, Vogue en sil-lonnant l'eau. Vogue, vo-gue mon
l'eau, Vogue en sil-lonnant l'eau. Vogue, vo-gue mon
l'eau, Vogue en sil-lonnant l'eau. Vogue, vo-gue mon

beau na - vi - re, Vogue au doux souf-fle du zéphy - re,
beau na - vi - re, Vogue au doux souf-fle du zéphy - re,
beau na - vi - re, Vogue au doux souf-fle du zé - phy-re,

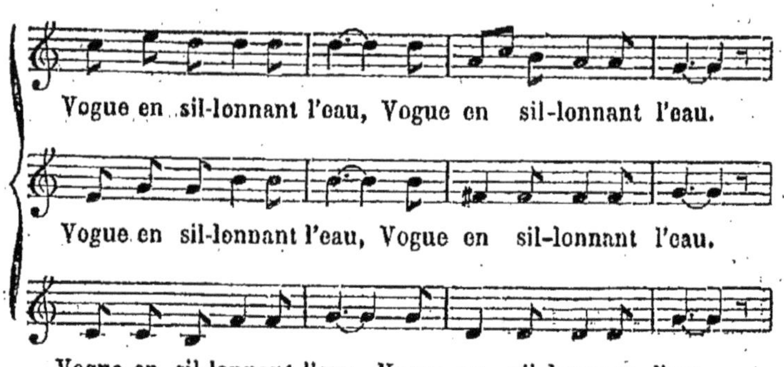
Vogue en sil-lonnant l'eau, Vogue en sil-lonnant l'eau.
Vogue en sil-lonnant l'eau, Vogue en sil-lonnant l'eau.
Vogue en sil-lonnant l'eau, Vogue en sil-lonnant l'eau.

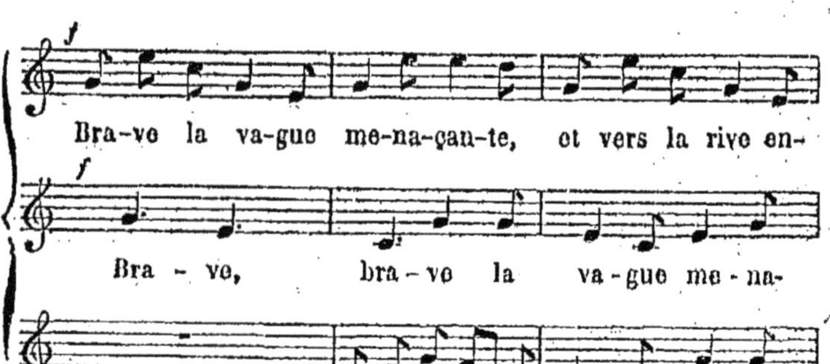
f
Bra-ve la va-gue me-na-çan-te, et vers la rive en-
f
Bra - ve, bra - ve la va - gue me - na-
f
Bra-ve la va - gue me - na - çan - te,

cor ab - sen - te, Vo - gue mon fier ba - teau, Vo-
çan — te, Vo - gue mon fier ba - teau, Vo-
oui, me-naçan - te, Vo - gue mon fier ba - teau, Vo-

rit.
p
gue mon fier ba - teau. La, la, la, la, la,
gue mon fier ba - teau. La, la, la,
gue mon fier ba - teau. La, la, la, la, la,

f
p
la, Vo - gue mon beau na - vi - re, La, la,
La, la, la, Vo - gue mon beau na - vi - re.
la, Vo - gue mon beau na - vi - re, La, la,

f
la, la, la, la, Vo - gue mon fier ba - teau.
la, la, la, la, la, la, Vo - gue mon fier ba - teau.
la, la, la, la, Vo - gue mon fier ba - teau.

Più lento.
f
Le sol de la pa - tri - e Et la pla-ge ché - rie Où
Le sol de la pa - tri - e Et la pla-ge ché - rie Où
Le sol de la pa - tri - e Et la pla-ge ché - rie Où

p
je vi-vais heu-reux, Vont paraître à mes yeux. Dé-
je vi-vais heu-reux, Vont paraître à mes yeux. Dé-
je vi-vais heu-reux, Vont paraître à mes yeux.

jà de mon vil - la - ge, La cloche au pieux lan-ga - ge Mé-
jà de mon vil - la - ge, La cloche au pieux lan-ga - ge Mé-
Dé - jà la clo-che du vil - la-ge Mé-

2

Salut, ô France aimée,
Salut, grève embaumée,
Me voici de retour.
Pour moi quel heureux jour!
Au port je vois mon père (1),
Ma bonne et tendre mère
Qui m'attendent joyeux.
O bénis soient les cieux! } *bis.*
Vogue, etc.

(1) 3e PARTIE.

Gloire à la France!

Paroles et musique de F. Le Mercier.

N° 31

ri - e, Nos chants, nos bras et nos cœurs de Fran-
ri - e, Nos chants, nos bras et nos cœurs de Fran-
ri - e, Nos chants, nos bras et nos cœurs de Fran-

p
çais. Oui, mes a - mis, chan - tons gloire à la
p
çais. Oui, mes a - mis, chan - tons gloire à la
çais.

Fran - ce, A son dra - peau des peu - ples res - pec-
Fran - ce, A son dra - peau des peu - ples res - pec-
Gloire à la Fran-ce, Des peu-ples res - pec-

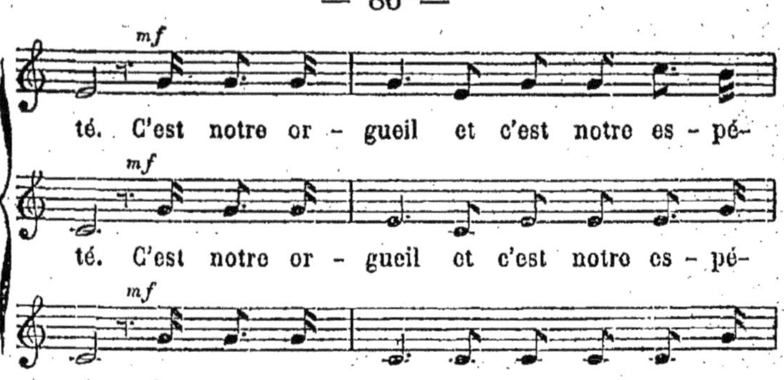
mf
té. C'est notre or - gueil et c'est notre es - pé-
mf
té. C'est notre or - gueil et c'est notre es - pé-
mf
tée. C'est notre or - gueil et c'est notre es - pé-

ran - ce. A toi, pa - trie, hon-neur et li - ber-
ran - ce. A toi, pa - trie, hon-neur et li - ber-
ran - ce. A toi, pa - trie, hon-neur et li - ber-

Crescendo.
té. C'est notre or - gueil et c'est notre es - pé-
Crescendo.
té. C'est notre or - gueil et c'est notre es - pé-
Crescendo.
té. C'est notre or - gueil et c'est notre es - pé-

f
ran-ce. A toi, pa - trie, hon-neur et li - ber - té.
f
ran-ce. A toi, pa - trie, hon-neur et li - ber - té.
f
ran-ce. A toi, pa - trie, hon-neur et li - ber - té.

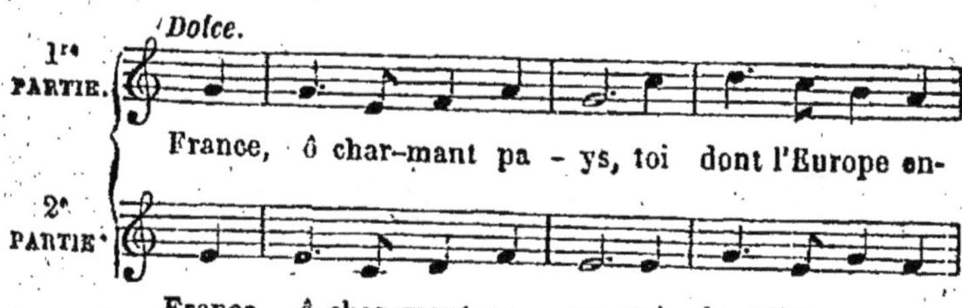
Dolce.
1re PARTIE.
France, ô char-mant pa - ys, toi dont l'Europe en-
2e PARTIE.
France, ô char-mant pa - ys, toi dont l'Europe en-

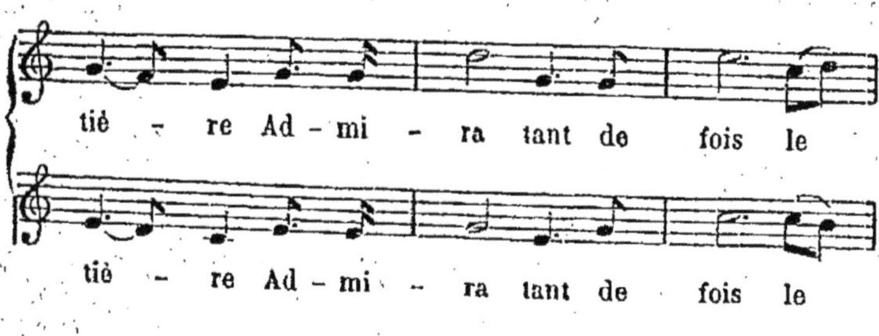
tiè - re Ad - mi - ra tant de fois le
tiè - re Ad - mi - ra tant de fois le

glo - ri - eux dra - peau, Il n'est point sous les
glo - ri - eux dra - peau, Il n'est point sous les

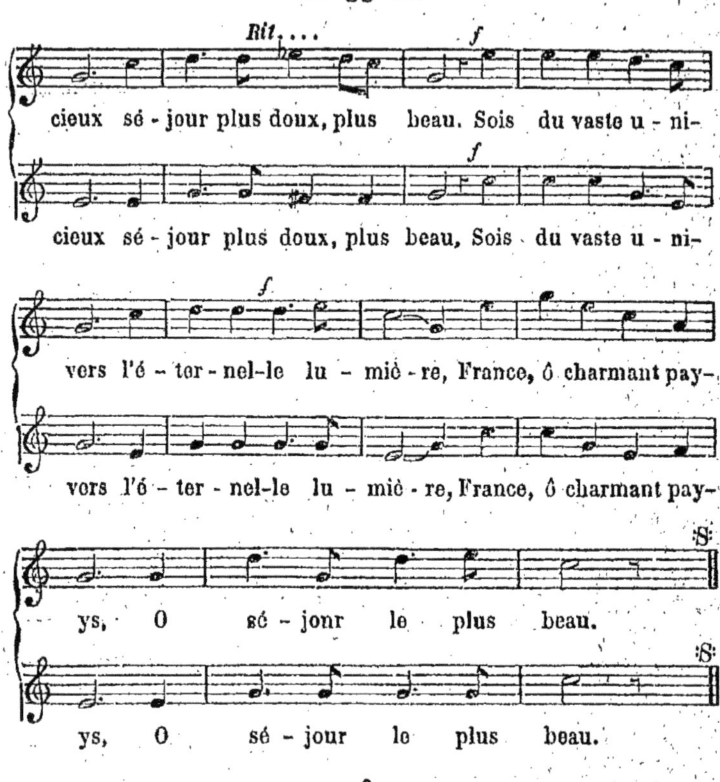

2

Ton nom, France, est bien grand! Il éclaire le monde.
C'est un astre brillant, un lumineux flambeau.
Nos cœurs aiment tes lois qui nous firent égaux.
Abjurons donc, Français, toute haine inféconde,
Et n'ayons qu'un seul cri : *Gloire à notre drapeau!*
Triomphe, etc.

3

A toi! toujours à toi, France, ô bien chère France!
A toi tout notre amour, nos chants, nos cœurs, nos bras!
Pour toi nous saurions tous braver jusqu'au trépas.
De tes longs jours de deuil nous avons souvenance;
S'ils revenaient, hélas! à toi nos cœurs, nos bras!
Triomphe, etc.

Les Prix.

Paroles de Mlle Le Mérer. Musique de F. Le Mercier.

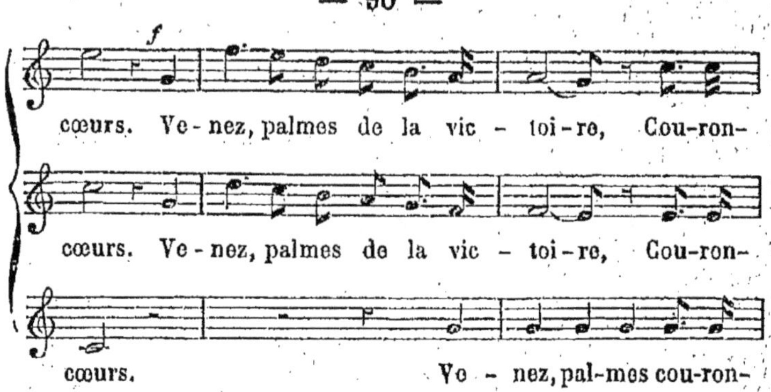
f
cœurs. Ve - nez, palmes de la vic - toi - re, Cou-ron-
cœurs. Ve - nez, palmes de la vic - toi - re, Cou-ron-
cœurs. Ve - nez, pal-mes cou-ron-

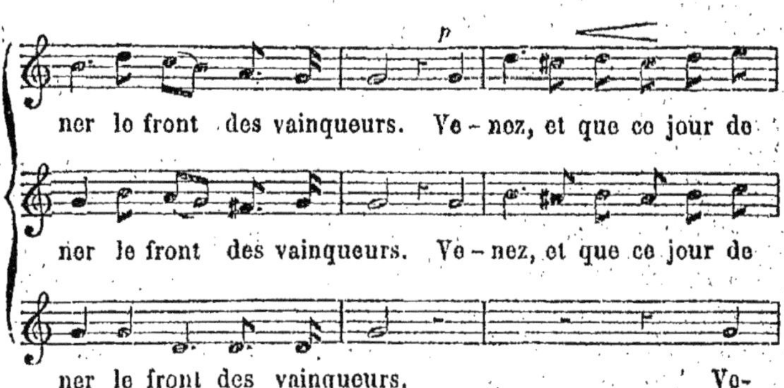
p
ner le front des vainqueurs. Ve - nez, et que ce jour de
ner le front des vainqueurs. Ve - nez, et que ce jour de
ner le front des vainqueurs. Ve-

f
gloi - re vive à ja - mais dans tous les cœurs. Ve-
f
gloi - re vive à ja - mais dans tous les cœurs. Ve-
nez vivre à ja - mais dans tous les cœurs.

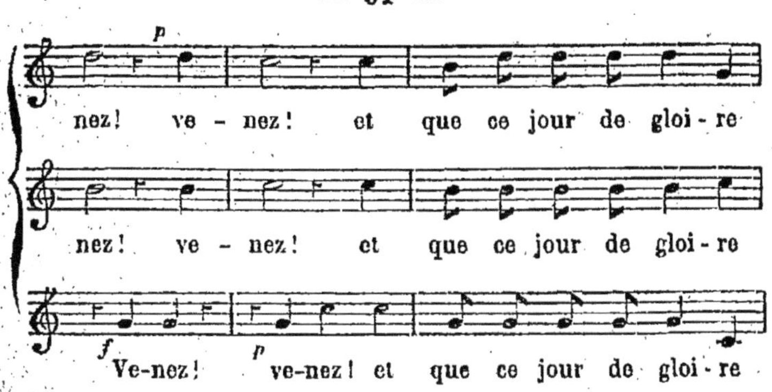
p
nez! ve - nez! et que ce jour de gloi - re
nez! ve - nez! et que ce jour de gloi - re
f p
Ve-nez! ve-nez! et que ce jour de gloi - re

Crescendo.
ff
vive à ja - mais dans tous les cœurs, Vive à ja-
vive à ja - mais dans tous les cœurs, Vive à ja-
vive à ja - mais dans tous les cœurs, Vive à ja-

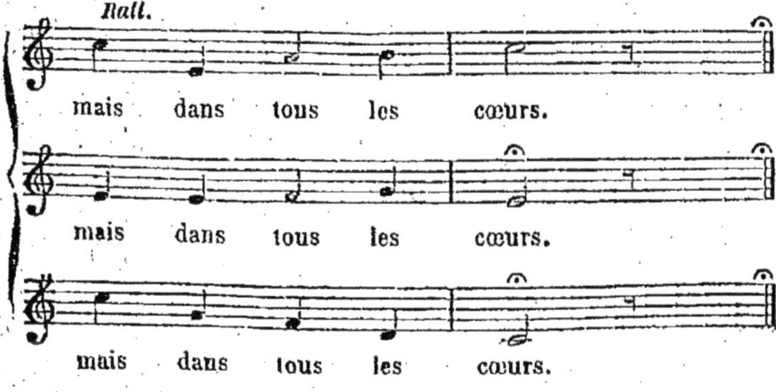
Rall.
mais dans tous les cœurs.
mais dans tous les cœurs.
mais dans tous les cœurs.

2

Heureux celui qui fut docile
Au devoir, chemin tortueux ;
Si le voyage est difficile
Le but n'est que plus glorieux.
Venez! etc.

3

Et pour quelques heures passées
Sous l'œil d'un maître et d'un ami,
Il porte des prix par brassées
Au sein de son foyer chéri.
Venez! etc.

Derniers moments d'un Poëte.

Paroles de Gilbert. Musique de F. Le Mercier.

Cantabilé.

N° 33

p J'ai ré-vé-lé mon cœur au Dieu de l'in-no - cen-ce ;

Il a vu mes pleurs pé-ni - tents ; Il gué-rit mes re-mords,

Il m'arme de cons-tan-ce. Les malheureux sont ses en-

mf Con anima.

fants. So-yez bé-ni, mon Dieu ! Vous qui daignez me

ren-dre L'in - no-cence et son noble or - gueil ;

Vous qui, pour pro - té - ger le re - pos de ma cen - dre,

Dolce.

Veil-le-rez près de mon cer - cueil ! Au ban-quet

Sost.

de la vie, in - for-tu-né con - vi-ve, J'appa-rus un jour

et je meurs : Je meurs, et sur ma tombe, où len-tement j'ar-

f
ri - ve, Nul ne vien - dra ver - ser des pleurs. Sa-
Brillante.
lut, champs que j'ai-mais, et vous, dou - ce ver - du-re,
p
f
Et vous, ri - ant e - xil des bois! Ciel, pa-vil-lon de
l'hom-me, ad-mi-ra-ble na - tu-re, Sa - lut, sa - lut pour
ff
la der-niè-re fois.
p Con expressionne.
Ah! puissent voir longtemps
votre beauté sa - cré - e Tant d'a-mis, tant d'a-mis,
tant d'a-mis sourds à mes a - dieux! Qu'ils mourront
pleins de jours, que leur mort soit pleurée, Qu'un a-mi leur fer-
pp
Morendo.
me les yeux! Qu'un a - mi leur fer - me les yeux.

FIN.

TABLE DES MATIÈRES

PREMIÈRE PARTIE

THÉORIE

DEUXIÈME PARTIE

EXERCICES DE SOLFÈGE

TROISIÈME PARTIE

MORCEAUX DE CHANT A UNE, DEUX & TROIS VOIX

Propriété.

LANNION, IMP. DE A. ANGER.

www.ingramcontent.com/pod-product-compliance
Ingram Content Group UK Ltd.
Pitfield, Milton Keynes, MK11 3LW, UK
UKHW021553260726
13993UKWH00002B/806

9 782019 995621